KB005942

자녀에게 남기는 인생 기록

부모 자서전

사랑하는 _____에게

_____의

인생 기록을 남깁니다.

기 록

년 월 일 ~ 년 월 일

목차

지은이

- 이름

- 생년월일

- 혈액형

- 가문   씨   파   대손

- 부모님 성함

- 형제자매

- 자녀

- 손자손녀

- 살아온 곳

- 좋아하는 음식

- 취미

- 좋아하는 명언 / 속담

- 존경하는 인물

1장

어린 시절

자녀에게 남기는 인생 기록

부모 자서전

어린 시절 ✏️

💬 엄마/아빠가 태어난 곳과 자란 곳은 어디예요?

💬 어린 시절 이름이나 별명, 출생신고와 관련한
특별한 일화가 있으실까요?

💬 고향을 생각하면 어떤 장소들이 떠오르세요?

💬 어린 시절 가장 기억에 남는 일은 어떤 일이예요?

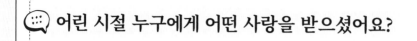 어린 시절 누구에게 어떤 사랑을 받으셨어요?

어린 시절 어떨 때 가장 행복하셨어요?

혹시 언제 속상하시거나 슬프셨어요?

가족 이야기

가족들이 둘러앉아
두런두런
이야기를 나누며 먹던
그 시절 밥상이
그립진 않으실까요?

집집마다
식사문화와 예절
기억나는 반찬은
다들지 몰라도
그때의 정이 그립습니다.

어린 시절 가족관계는 어떠셨어요?

어머니 ✏️

💬 엄마/아빠의 엄마는 어떤 분이셨어요?

💬 엄마/아빠의 엄마에게 무엇이 가장 감사하세요?

💬 해드리지 못해서 아쉬운 일은 무엇일까요?

💬 엄마에게 꼭 하고 싶은 말씀을 남겨주세요.

아버지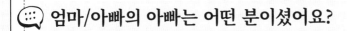

💬 엄마/아빠의 아빠는 어떤 분이셨어요?

💬 엄마/아빠의 아빠에게 무엇이 가장 감사하세요?

💬 해드리지 못해서 아쉬운 일은 무엇일까요?

💬 아빠에게 꼭 하고 싶은 말씀을 남겨주세요.

할머니와 할아버지

💬 할머니와 할아버지는 어떤 분이셨어요?

형제·자매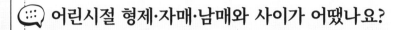

💬 어린시절 형제·자매·남매와 사이가 어땠나요?

💬 가장 친한 형제·자매는 누구였어요?

💬 신나고 즐거웠던 때는 언제였어요?

💬 형제·자매와 무슨 이유로 주로 다투셨나요?

어린 시절 놀이

술래잡기, 고무줄놀이, 말뚝박기, 숨바꼭질...
해맑게 뛰어놀던 어린 시절이 기억나시나요?
인생에는 수많은 우여곡절이 있을 거라는 것을
그때는 알지 못했지만
씩씩하고 밝게 뛰어놀던 그 시절의 기운을
고이 담아
한평생 굴곡과 난관을 잘 헤쳐오신 거겠지요?

💬 어린 시절 주로 어떤 놀이들을 하셨어요?

💬 왼쪽 그림들을 보니 어떤 추억이 떠오르세요?

어린 시절 먹거리

지금처럼 먹거리가 풍족하지 않았던 그 시절
사탕 하나에도
세상을 다 얻은 것 같은
달콤함이 있었습니다.

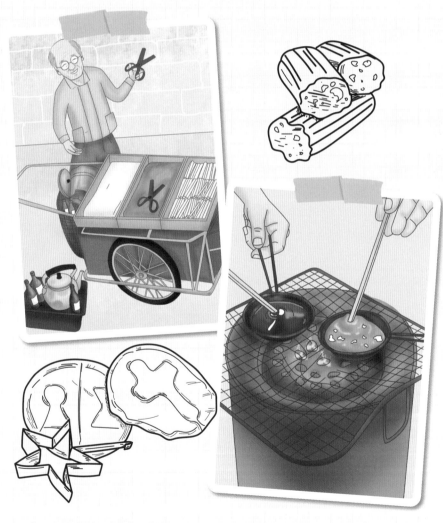

💬 어린 시절 주로 어떤 간식을 드셨어요?

💬 주식과 반찬은 주로 어떤 것을 드셨나요?

💬 좋아하는 음식이나 싫어하던 음식은 어떤 음식이 있나요?

💬 위의 그림들을 보면 어떤 추억이 떠오르실까요?

💬 위의 그림들을 보면 무슨 생각이 드실까요?

2장

학창 시절

자녀에게 남기는 인생 기록
부모 자서전

학 교

💬 엄마/아빠는 어느 학교를 다니셨어요?

💬 엄마/아빠는 학창 시절에 어떤 학생이었어요?

초등(국민)학교

중학교

고등학교

친 구

💬 엄마/아빠가 친하게 지냈던 친구들이 궁금해요.

초등학교 친구	중·고등학교 친구

💬 친구들과 기억나는 일화를 들려주세요.

꿈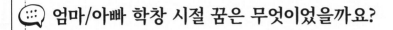

💬 엄마/아빠 학창 시절 꿈은 무엇이었을까요?

💬 할머니, 할아버지는 엄마/아빠가 어떤 사람이 되기를 바라셨어요?

💬 다시 학창시절로 돌아간다면 어떻게 지내보고 싶으세요?

공부·선생님

학창시절 어떤 과목을 제일 좋아하셨어요?

싫어하셨던 과목은 어떤 과목이었어요?

학창 시절 언제 어떤 선생님을 가장 좋아하셨어요?

기억나는 선생님과의 일화를 들려주세요.

기억나는 일들 ✏

💬 학창시절 가장 기억에 남는 장면들은 어떤 장면
일까요?

3장

청춘과 사랑

자녀에게 남기는 인생 기록

부모 자서전

청 춘

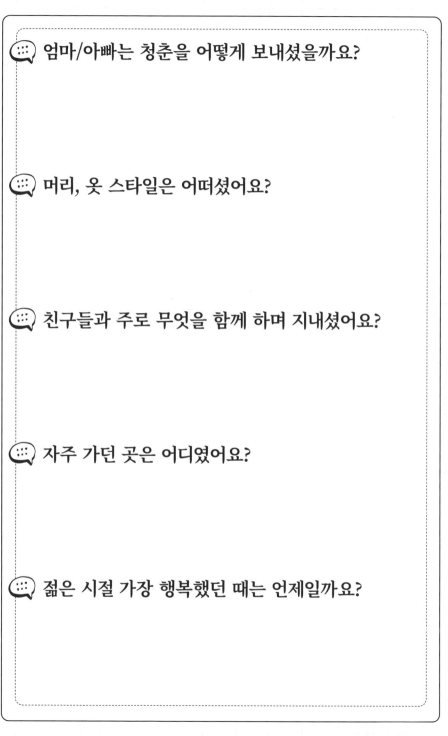

엄마/아빠는 청춘을 어떻게 보내셨을까요?

머리, 옷 스타일은 어떠셨어요?

친구들과 주로 무엇을 함께 하며 지내셨어요?

자주 가던 곳은 어디였어요?

젊은 시절 가장 행복했던 때는 언제일까요?

청춘으로 돌아간다면

💬 다시 젊은 시절로 돌아간다면 어떻게 살아보고
싶으실까요?

- 가보고 싶은 곳 :

- 해보고 싶은 일 :

💬 후회하지 않는 삶을 위해 젊었을 때 꼭 해야한다고
생각하는 세 가지는 무엇일까요?

1
- -
2
- -
3
- -

취 미

💬 젊은 시절 어떤 취미가 있으셨어요?

💬 좋아하셨던 가수나 배우는 누구였어요?

💬 기억에 남는 영화나 드라마는 어떤 작품이예요?

💬 자주 불렀던 노래   💬 즐겨 늘었던 노래

--------------------------------- ---------------------------------

--------------------------------- ---------------------------------

--------------------------------- ---------------------------------

--------------------------------- ---------------------------------

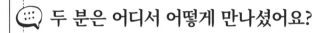

만남과 사랑

💬 두 분은 어디서 어떻게 만나셨어요?

💬 첫인상은 어떠셨어요?

💬 어떤 점이 마음에 드셨어요?

💬 기억에 남는 데이트 장소는 어디일까요?

결혼 ✏

💬 어떤 계기로 결혼을 결심하셨을까요?

💬 기억나는 청혼 장소나 대화가 있으실까요?

💬 결혼하신다고 하셨을 때 양가 반응은 어떠셨어요?

💬 두 분의 결혼에 대해 궁금해요.

· 결혼식 했던 지역

· 주례하셨던 분

· 결혼식 때 기억에 남는 일

· 신혼여행지

· 신혼여행에서 특별했던 기억

· 신혼집

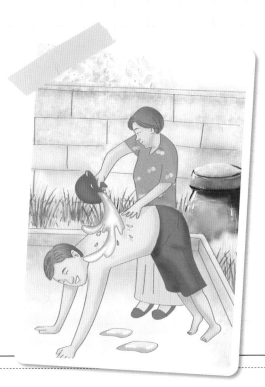

💬 이 그림을 보면 어떤 생각이 나실까요?

💬 결혼생활 중 가장 행복했던 때와 속상했던 때는 언제일까요?

행복했던 때	속상했던 때

💬 다시 태어난다면 어떤 사람과 결혼을 하고 싶으실까요?

1. _____ 사람

2. _____ 사람

3. _____ 사람

4. _____ 사람

5. _____ 사람

일과 역할

어른으로서 부모로서
책임과 의무를 다하셔야 했을 때..

가끔 그 무게가 너무 무겁진 않으셨던지요?

부모님 어깨에 지셨던 책임의 무게를
이제 조금씩 이해하는 나이가 되었습니다.

💬 이 그림을 보면 어떤 생각이 나실까요?

💬 엄마/아빠의 손은 평생 어떤 일을 제일 많이 했을까요?

💬 일을 하시면서 언제 제일 기쁘셨어요?

💬 언제 일이 힘들거나 그만두고 싶으셨어요?

💬 어떤 마음으로 묵묵히 그 일들을 해오셨을까요?

4장

자녀 양육

자녀에게 남기는 인생 기록
부모 자서전

저와의 만남 ✏️

💬 저를 가지셨을 때 어떤 태몽을 꾸셨어요?

💬 태교는 어떻게 하셨을까요?

제가 태어난 날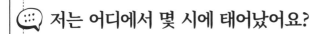

💬 저는 어디에서 몇 시에 태어났어요?

💬 태어났을 때 저는 어떻게 생겼었나요?

💬 제가 태어나던 날 기억나는 일화가 있으실까요?

💬 저를 처음 만났을 때 기분이나 감정을 들려주세요.

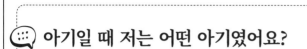

제가 아기였을 때

💬 아기일 때 저는 어떤 아기였어요?

💬 제가 아기였을 때 어떤 일로 엄마/아빠를 행복하게 해드렸어요?

💬 제가 아기였을 때 어떤 일로 엄마/아빠를 힘들게 해드렸어요?

💬 제가 아기였을 때 가장 기억나는 일은 무엇일까요?

1
_____

2
_____

3
_____

💬 저는 모유를 먹었어요? 분유를 먹었어요?

💬 저는 순한 아기였어요? 고집이 쎈 아기였어요?

💬 아기 때 잠버릇은 어땠어요?

💬 특별히 아픈 데는 없었을까요?

자녀의 성장 ✏️

제가 엄마/아빠의 바람대로 자라지 않아서
힘들지는 않으셨어요?
저를 키우면서
부모로서의 삶에
어떤 기쁨과 어려움을 느끼셨을까요?

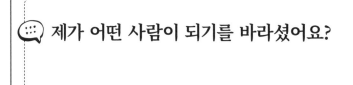

기쁨과 행복

💬 제가 어떤 사람이 되기를 바라셨어요?

💬 저를 키우면서 뿌듯하고 자랑스러우셨던 때는 언제였어요?

💬 지금의 저는 엄마/아빠를 언제 기쁘게 해드리나요?

아쉬움

💬 제가 자라면서 속상하게 한 일은 어떤 일일까요?

💬 저를 키우면서 어떤 점이 제일 아쉬우실까요?

💬 다시 저를 키우신다면 어떻게 키우고 싶으실까요?

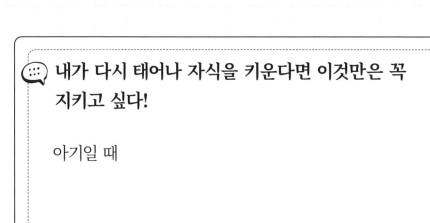

내가 다시 태어나 자식을 키운다면 이것만은 꼭 지키고 싶다!

아기일 때

초등학교 때

중·고등학교 때

성인이 되었을 때

5장

회고와 소망

자녀에게 남기는 인생 기록
부모 자서전

인생 사건 연대표 ✏️

연도	연령	사건	그때의 감정

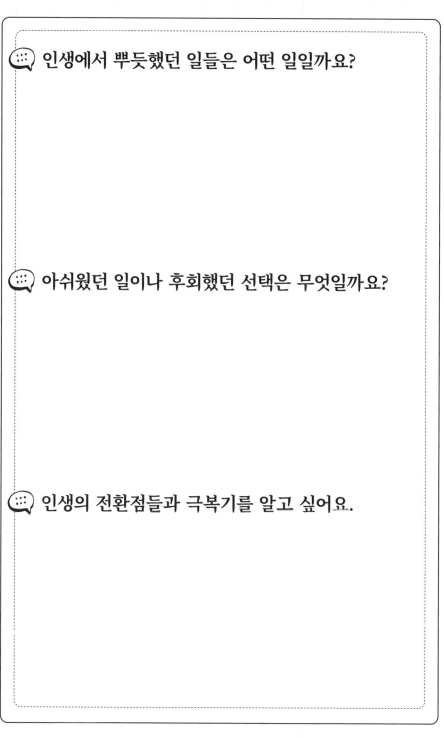

💬 인생에서 뿌듯했던 일들은 어떤 일일까요?

💬 아쉬웠던 일이나 후회했던 선택은 무엇일까요?

💬 인생의 전환점들과 극복기를 알고 싶어요.

가지고 싶은 것

💬 가지고 싶은 것 목록을 적어 주세요.

희망 사항 ✏️

💬 국내에서 꼭 가보고 싶은 곳은 어디일까요?

💬 해외에서 꼭 가보고 싶은 곳은 어디일까요?

💬 지금부터 해보고 싶은 일들을 적어주세요.

1

2

3

4

5

(::) 선택할 수 있다면 어떤 집에서 살고 싶으세요?

(::) 자식들에게 바라는 점은 어떤 것일까요?

(::) 세 가지 소원을 빌어보세요.

1
_____

2
_____

3
_____

💬 저와 무엇을 해보고 싶으세요?

💬 제가 어떤 사람이 되길 바라실까요?

💬 저의 배우자는 어떤 사람이길 바라세요?

부모가 남기는 부탁

💬 젊었을 때 이것만은 꼭 해보렴.

💬 이것만은 꼭 하지 않았으면 한다.

💬 건강을 위해 이렇게 하길 바란다.

💬 나의 손주에게 네가 이렇게 해주면 좋겠구나.

💬 나와 영영 이별하게 되면 이것만은 부탁한다.

6장

사진과 편지

자녀에게 남기는 인생 기록
부모 자서전

추억의 사진이나 그림을 남겨주세요.

추억의 사진이나 그림을 남겨주세요.

추억의 사진이나 그림을 남겨주세요.

추억의 사진이나 그림을 남겨주세요.

에게 남기는 편지

년 월 일

에게 남기는 편지

년   월   일

중요 정보 기록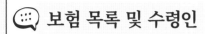

⊕ 보험 목록 및 수령인

⊕ 거래 금융기관 목록

⊕ 재산 및 채무 목록

⊕ 희망 장례 형식 및 제사

⊕ 기타 중요 정보

저/자/소/개

윤소영 on-edu@nate.com

　건국대학교 교육대학원에서 학습·진로컨설팅 및 평가과정을 공부하며 유아에서 노인에 이르는 전 생애에 걸친 다양한 교육의 필요성을 더욱 절감하게 되었다. 현재 (주)한국실버교육협회 대표이사, (주)하자교육연구소 및 하자교육컨설팅 대표, 한국영상대학교 외래교수로 재직하면서 치매예방 및 노인을 위한 교재, 교구를 개발·보급하고 있다. 현재 장기요양기관 심사위원으로도 활동하고 있으며, 치매예방 온라인 교육 플랫폼 인지넷을 운영하고 있다. 주요 저서로는 『치매예방과 관리』『치매예방을 위한 뇌훈련 실버인지놀이 워크북 01권, 02권, 3권』『치매예방을 위한 회상활동 추억 색칠하기+인지 워크북』『치매예방을 위한 회상활동 추억 색칠하기+인지 워크북 –추억놀이편』『치매예방을 위한 회상활동 추억 색칠하기+인지 워크북 –추억놀이편 플러스』『치매예방을 위한 뇌훈련 실버인지 속담놀이 워크북』『치매예방 두뇌 트레이닝 추억의 퀴즈 테마 워크북 1권, 2권』『노인회상 이야기카드』『마음읽기 감정카드』『추억놀이 회상카드』『실전 전래놀이 운영 프로그램』『재미있고 실용적인 시니어 책놀이 운영 프로그램』『실버인지미술 운영 프로그램』『자녀에게 남기는 인생 기록 부모 자서전』『공감대화를 위한 사진 질문카드』등이 있다.

자녀에게 남기는 인생 기록 부모 자서전

1판 1쇄 발행 ● 2022년 10월 14일
1판 2쇄 발행 ● 2023년 9월 4일

지 은 이 ● 윤소영
펴 낸 곳 ● **(주)한국실버교육협회**
　　　　　　경기도 성남시 분당구 운중로 122 601호
디 자 인 ● (주)경상매일신문 디자인사업국
대표전화 ● 02-313-0013
홈페이지 ● www.ksea.co.kr
　　　　　　www.injinet.kr
이 메 일 ● ksea7777@daum.net
I S B N ● 979-11-973079-5-9(13190)

정가 13,000원